中国文化
知识读本

ZHONGGUO WENHUA ZHISHI DUBEN

诗仙李白与浪漫主义诗歌

金开诚◎主编 祝凤娟◎编著

吉林出版集团有限责任公司
吉林文史出版社

图书在版编目（CIP）数据

诗仙李白与浪漫主义诗歌 / 祝凤娟编著 . —长春：
吉林出版集团有限责任公司：吉林文史出版社，2009.12（2022.1重印）
（中国文化知识读本）
ISBN 978-7-5463-1528-7

Ⅰ . ①诗… Ⅱ . ①祝… Ⅲ . ①李白（701～762）–唐
诗－文学研究 Ⅳ . ① I207.22

中国版本图书馆 CIP 数据核字（2009）第 222491 号

诗仙李白与浪漫主义诗歌

SHIXIAN LIBAI YU LANGMAN ZHUYI SHIGE

主编/ 金开诚 编著/祝凤娟

项目负责/崔博华 责任编辑/曹恒 于涉

责任校对/王文亮 装帧设计/曹恒

出版发行/吉林文史出版社 吉林出版集团有限责任公司

地址/长春市人民大街4646号 邮编/130021

电话/0431-86037503 传真/0431-86037589

印刷/三河市金兆印刷装订有限公司

版次/2009 年 12 月第 1 版 2022 年 1 月第 6 次印刷

开本/650mm×960mm 1/16

印张/8 字数/30千

书号/ISBN 978-7-5463-1528-7

定价/34.80元

关于《中国文化知识读本》

　　文化是一种社会现象，是人类物质文明和精神文明有机融合的产物；同时又是一种历史现象，是社会的历史沉积。当今世界，随着经济全球化进程的加快，人们也越来越重视本民族的文化。我们只有加强对本民族文化的继承和创新，才能更好地弘扬民族精神，增强民族凝聚力。历史经验告诉我们，任何一个民族要想屹立于世界民族之林，必须具有自尊、自信、自强的民族意识。文化是维系一个民族生存和发展的强大动力。一个民族的存在依赖文化，文化的解体就是一个民族的消亡。

　　随着我国综合国力的日益强大，广大民众对重塑民族自尊心和自豪感的愿望日益迫切。作为民族大家庭中的一员，将源远流长、博大精深的中国文化继承并传播给广大群众，特别是青年一代，是我们出版人义不容辞的责任。

　　《中国文化知识读本》是由吉林出版集团有限责任公司和吉林文史出版社组织国内知名专家学者编写的一套旨在传播中华五千年优秀传统文化，提高全民文化修养的大型知识读本。该书在深入挖掘和整理中华优秀传统文化成果的同时，结合社会发展，注入了时代精神。书中优美生动的文字、简明通俗的语言、图文并茂的形式，把中国文化中的物态文化、制度文化、行为文化、精神文化等知识要点全面展示给读者。点点滴滴的文化知识仿佛颗颗繁星，组成了灿烂辉煌的中国文化的天穹。

　　希望本书能为弘扬中华五千年优秀传统文化、增强各民族团结、构建社会主义和谐社会尽一份绵薄之力，也坚信我们的中华民族一定能够早日实现伟大复兴！

【目录】

一 李白简介

李白故里

（一）"李白"名字的由来及其别称

李白为何叫李白，有很多说法，有的说法是"李白名字诗中得"。说李白刚出生的时候，特别可爱，父母特别喜爱，给他取了好多名字，但是都不怎么满意，于是李父决定等儿子周岁时，看看儿子的志向再作决定。李白在周岁抓周时抓的是《诗经》，李父高兴极了，但是也愁极了，李父觉得将来儿子真的成为大诗人，得有个响亮的名字，一定得慎重，于是这个名字一拖再拖。在李白7岁那年春，有一天一家人在院子里，面对春暖花开，李父提议写诗句，于是道："春风送暖

李白故居

百花开，绽金吐银谁先来。"李母明白李父在考儿子的才智，于是吟道"火烧杏林红霞落"，没有继续说出下句，看看儿子的反映，李白心急了，指着盛开的花朵说："李花怒放一树白。"李白父母听了都觉得续得很好，潇洒，掷地有声，照应全诗。李父对妻子说："你看这句的第一个字正是咱家的'李'姓，最后一个'白'字，象征着高洁，我们就给儿子取名为'李白'吧！"李母点点头觉得很好，一来取李花洁白之意，二来取其怒放之势，回味无穷，妙！于是李白的名字就这样定下来了。

对于李白的名字还有一个说法，在《新唐书·卷202·李白传》中有记载："白之生，母梦长庚星，因以命之。"意思是说李白出生时，李白的母亲梦见了长庚星，也就是太白金星，于是给他取名为李白，字太白也是由此而来。

李白的别称有很多，太白、青莲、李翰林、诗仙、谪仙人、酒中仙、李侯等。

青莲。李白祖籍陇西，年幼时随父迁居绵州昌隆青莲乡，所以自号青莲居士。他在《答族侄僧中孚赠玉泉仙人掌茶》诗序中说："后之高僧大隐，知仙人掌茶发乎中孚禅子及青莲居士李白也。"于是后人以"青莲"称之。

诗仙。宋代诗人宋祁在评论唐诗时说"太白仙才"，所以世人又称李白为"诗仙"。

李白故居

明代王嗣奭在《梦杜少陵》道:"青莲号诗仙,我翁(杜甫)号诗圣。"

谪仙人。唐代诗人贺知章极为推崇李白,称他为"谪仙人",后人也称"李谪仙人""谪仙"或"谪神仙"。

酒中仙。李白一生纵情诗酒,自称"酒中仙"。杜甫《饮中八仙歌》:"李白一斗诗百篇,长安市上酒家眠。天子呼来不上船,自称臣是酒中仙。"元代马致远《中吕·喜春来》:"蛮书写毕动君颜,酒中仙,一凭酒长安。"又称"酒星",如明代宗臣《采石矶怀李白》:"闻阊天门夜不关,酒星何事谪人间。"

李翰林、李供奉。因为李白在天宝初

李白饮酒塑像

年曾担任翰林院供奉，所以又被称为"李翰林""李供奉"。

李侯。"侯"是古代的一种爵位，"李侯"是世人对他的尊称。

李十二。在唐代时常用排行称人，李白在族兄弟中排行十二，所以世人又称李白为"李十二"。

澹荡人。李白在《古风》中说："吾亦澹荡人，拂衣可同调。"所以世人又称李白为"澹荡人"。

（二）李白的政治历程

可以说李白的政治生涯是坎坷的，从他准备参政开始就已经注定他的政治生涯是不平的。

李白故里位于江油市青莲镇

唐代的科举分为常科与制举两类。常科即"岁举之常选"，是每年定期举行的考试。从应试者的来源来看，由学馆推荐保送的称作生徒，由州县推荐保送的称作乡贡。生徒对学生人数和入学资格要求较严，一般都是官员子弟，即使有百姓，也是要求"庶人之俊异者"。而乡贡，据《新唐书·选举志》载："举选不由馆、学者，谓之乡贡，皆怀牒自列于州、县。"可见"怀牒自列"是最起码的条件，而"牒"自然是谱牒一类证明家世身份的文件。乡贡先由县一级考试，经过淘汰，选取若干名到州、府；州府再经过考试，又经过一轮淘汰，选取若干名报到中央。各地州府所贡的举子，在秋冬之际（最迟在十月），陆续集中于京城，与国子监学生汇合。举子们到京后，第一道手续是到尚书省报到，结款通保，尚书省的有关机构（户部）则加以考核检查。据傅璇琮先生考证，开元二十五年以前，贡举考试由考功员外郎主持，举子们报到后，由户部集阅，考功员外郎考试。开元二十五年后改由礼部侍郎知贡举，考试由礼部主持，则举子就向礼部纳家状。这样，李白的仕途就遇到一个大难题——他的家状。家状是举子所写本人家庭状况表，内容包括籍贯及

李白的仕途生涯颇为坎坷

李白故居

三代名讳。家状的写法是有一定规格的，稍不合格，就要受到责骂，甚至取消考试资格。关于李白的家世，范传正的《唐左拾遗翰林学士李公新墓碑文》中有这样一段话：

公名白，字太白，其先陇西成纪人也。绝嗣之家，难求谱牒。公之孙女搜于箱箧之中，得公之亡子伯禽手书十数行，纸坏字缺，不能详备，约而计之，凉武昭王九代孙也。隋末多难，一房被窜于碎叶，流离散落，隐易姓名，故自国朝以来，漏于属籍。神龙初，潜还广汉，因侨为郡人。父客，以逋其邑，遂以客为名，高卧云林，不求禄仕。公之生也，先府君指天枝以复姓，先夫人梦长庚而告祥，名之与字，成所取象。受五行之刚气，叔夜心高；挺三蜀之雄才，相如文逸。瑰奇宏廓，拔俗无类。少以侠自任，而门多长者车。常欲一鸣惊人，一飞冲天，彼渐陆迁乔，皆不能也。由是慷慨自负，不拘常调，器度弘大，声闻于天。

由这段话我们可以推断出：一来"绝嗣之家，难求谱牒"，李白很可能没有谱牒文书；二来"自国朝以来，漏于属籍"，户部没有李白家族的记录；三是"神龙初，潜还广汉"，李白家族从中亚迁回是"潜还"的，没有经政府许可，像是今天的"偷渡"行为，所以极有可能

李白故居

李白简介
009

李白无法参加科举考试，只能以游学自荐的方式入仕途

拿不到相关的谱牒文书。正是由于李白没有谱牒文书以及其"潜还者"的身份，使得他无法参加科举考试。从政的第一条路行不通了。

因此，他只能选择干谒的从政路线。开元八年，礼部尚书苏颋任益州大都督府长史，李白带着写好的诗文前去拜访，得到苏颋赞赏。自此，李白开始了他的求仕生涯。开元十三年，李白辞亲远游，开始漫游、干谒的历程。开元十五年，李白西游安州，从扬州、金陵一带西进，第二年李白初游安陆，入赘许家与许圉师的孙女结婚，暂时定居下来且以安陆为中心四处访道漫游。开元十八年，李白30岁，这时候他从蜀地出来已五年，漫游了长江中下游，遍干诸侯，向各地的达官贵人投递自己的诗文辞赋，阐述自己的政治理想，但却未遇知己，也没有获得他人的引见，因此发出了"南徙莫从，北游失路"的慨叹。开元二十二年时他又出游襄阳，拜访了当时享有盛名的荆州大都督府长史韩朝宗，李白在书中说自己"虽长不满七尺，而心雄万夫""必若接之以高宴，纵之以清谈，请日试万言，倚马可待"，他希望韩朝宗能够举荐自己，但仍无结果。开元二十三年时他又应朋友元演的邀请北游太原及雁门；第二年又返回河南，与朋友元丹丘、岑勋等人在嵩山南麓颍阳山置酒高会。开元末年，因为许氏夫人去世，便移居山东任城，此时他已经41岁，但他出蜀以来的漫游与历次的政治干谒活动都没有任何实质性的效果。从以上种种可以看出李白在干谒之事上是积极主动的，是从内心深处发出的一种自主、自觉的行为，说明他积极入仕、积极进取，是个功名心很强的人，有着强烈的"济苍生""安社稷"的儒家用世思想的人。

李白曾经三次入长安。第一次是开元十八年，为寻求政治出路，"西入秦海，一观国风"；第二次是天宝元年，奉召入朝，待诏翰林；第三次是天宝十二年春，从幽州归来。此三次中，第二次早已为世所知；第一次之说也基本确立；唯第三次的说法尚在探索之中。依安旗《李白三入长安别考》，将李白相关的八首诗串起来，描述了"三入"大概过程：李白于天宝十一年到幽州，亲自目睹安禄山谋反的情况，然后匆匆赶到长安，一边草制奏疏，一边寻找门路，企图为国效力。但投赠不果，反有可能遇杀身之祸，听友人忠告，又离开长安。

李白三进长安城

晚年加入永王李璘的幕府，由于识见不足，未觉察永王企图拥兵自立的野心，竟不自觉地充当了为虎作伥的角色，结果李璘兵败被杀，李白自己也获罪遭受流放。

（三）李白的思想

李白的诗之所以有仙味，是因为他的思想里有儒、道、佛的思想。

1. 儒家思想

首先，李白从小接受了儒家正统思想的教育和熏陶，青年时代便怀着"济苍生""安社稷"的雄心壮志，同时"遍干

李白受到儒家思想的熏陶

诸侯"，企图从与各地方官的交往中实现自己的政治理想——"申管晏之谈，谋帝王之术，奋其智能"的积极入世的思想正是儒家的思想。儒家思想是李白思想的源头和主流，它如一根红线贯穿李白的一生！

在李白的创作生活中，可见到儒学的光辉，"我志在删述，垂辉映千春"，更能体现他继承了孔子思想。孔子曾将三千余首古代诗歌，经删除，筛选了三百篇成了"诗经"。李白的志向也是一样，要像孔子删选"诗经"一般，把古代的传统留给后世那样，选出现代的优秀诗人，把真

孔子作为儒家思想的创始人，对中国文化的影响甚大

正的诗歌传统留传后代。对于儒家的三纲五常之道，也时常提及。他在乐府诗中曾作《君道曲》《东海勇妇》《上留田》《箜篌谣》《双燕离》，分别敦劝君臣、父子、兄弟、朋友、夫妇之忠于情义，未曾忘怀过世事。

孔子作为儒家思想的创始人，对中国文化影响至大；李白身处唐代文化繁荣时期，思及文化问题时每每又以孔子为师、为圣，"仲尼，大圣也，宰中都而四方取则；子贱，大贤也，宰单父人到于今而思之"（《武昌宰韩君去思颂碑》）。对于孔子文治天下的思想和对中国思想文化的开创作用，李白同其他人一样予以肯定，亦肯定了先秦儒家思想的价值原则和儒学人物的风范。李白景慕这些历史人物，反映了他的性格、抱负和理想。在儒家思想的影响下，青年时期的李白意气风发、豪情满怀，他有一个理想也是他一生最强烈的愿望，就是能求得功名、建功立业。当时正值开元盛世，国家呈现一派欣欣向荣的景象，李白坚信"天生我材必有用"，对前途充满了信心。其间李白作《代寿山答孟少府移文书》《南轩松》等，表明自己远大的政治理想，抒发自己要一飞冲天、一鸣惊人的志向。李白有着强烈的"济苍生""安社稷"的儒家用世思想，但他既看不起白首死章句的儒生，也不愿意走科举入仕之路，而是寄希望于风云际会，一展抱负。

2. 道家思想

李白的道家思想的产生、形成要经历一个长期的复杂过程，影响他的主观原因和客观条件众多，而地理环境和社会环境是形成李白道家思想最重要的两个因素。首先，家乡的道教氛围孕育了李白的道家思想。天府之国的四川，既是李白的家乡，又是道教的发源地。由于有丰厚的物质基础，封闭的自然环境，道教势力有着飞跃的发展。特别是到了唐代，统治者为了抬

四川是李白的家乡，同时也是道教的发源地

老子是道家的创始人

高自己的地位，尊道教教主李耳为其先主，道教遂成为国家的正统宗教，道教势力渗透到国家的各个领域，道教宫观遍布全国的名山大川。四川作为道教的发源地和根据地，道教宫观、圣地、场所以及教民更多，呈现出"五里一宫，十里一观"的壮观景象，在当地人民群众和政治生活中占有重要的地位。其次，唐代社会尊道，发展了李白的道家思想。生活在盛唐时期的李白，同当时大多数知识分子一样，向往着建功立业、光宗耀祖、追求过达官贵人的舒雅生活，希望通过各种途径来实现自己的愿望和理想。李白在他25岁的时候，为了实现"申管、晏之谈，谋帝王之术，奋其智能，愿为辅弼，使寰区大定，海县清一"（《代寿山答孟少府移文书》）的政治思想和治世方略，离开故里，"仗剑出国，辞亲远游。遍干诸侯，隐身求进"，通过多年浪迹天涯的生活，他认识到：要想实现自己的宏图大志，需走"终南捷径"，一是结交达官贵人；二是利用道教这个阶梯。

可以说，李白讨儒入道，是万般无奈的，是当时黑暗现实直接造成的。在《梦游天姥吟留别》中，作者以高度夸张和象征的艺术手法，在梦幻与现实之间，虚虚实实，将一腔郁愤之情，凝结为生动的艺术形象，勾勒出一幅梦游图。迷离梦境飘

浙江新昌天姥山因李白的《梦游天姥吟留别》而名扬天下

李白也受到了佛教思想的影响

忽昏冥，熊咆龙吟霹雳崩摧，是对丑恶现实的无情鞭挞，它并非"痴人说梦"，而是对于自己曾梦寐以求的那种理想境地的强烈否定。回想长安往事，不正是一场噩梦吗？"世间行乐亦如此，古来万事东流水"，道家的虚无主义思想又使他稍觉心宽和安慰。"别君去兮何时还，且放白鹿青崖间，须行即骑访名山。安能摧眉折腰事权贵，使我不得开心颜"，诗人表明自己宁愿放白鹿于青岩之间、优游岁月、誓不同流合污的决心。这是对封建统治者的公开挑战，同时也是对儒家思想的宣战。道家思想支撑起一个顶天立地的伟岸男人！

3. 佛教思想

李白一方面接受了儒家"兼善天下"的思想影响；另一方面又受到了道家特别是庄子那种"遗世独立"的思想影响，追求绝对自由。除此之外，佛家思想也存在他的思想中。事实上，李白是学过佛的。《赠僧崖公》一诗即忆及其学佛悟禅的经历："昔在朗陵东，学禅白眉空。大地了镜彻，回旋寄轮风。揽彼造化力，持为我神通。晚谒泰山君，亲见日没云。中夜卧山月，拂衣逃人群。授余金仙道，旷劫未始闻。"可见，先从白眉空受禅，

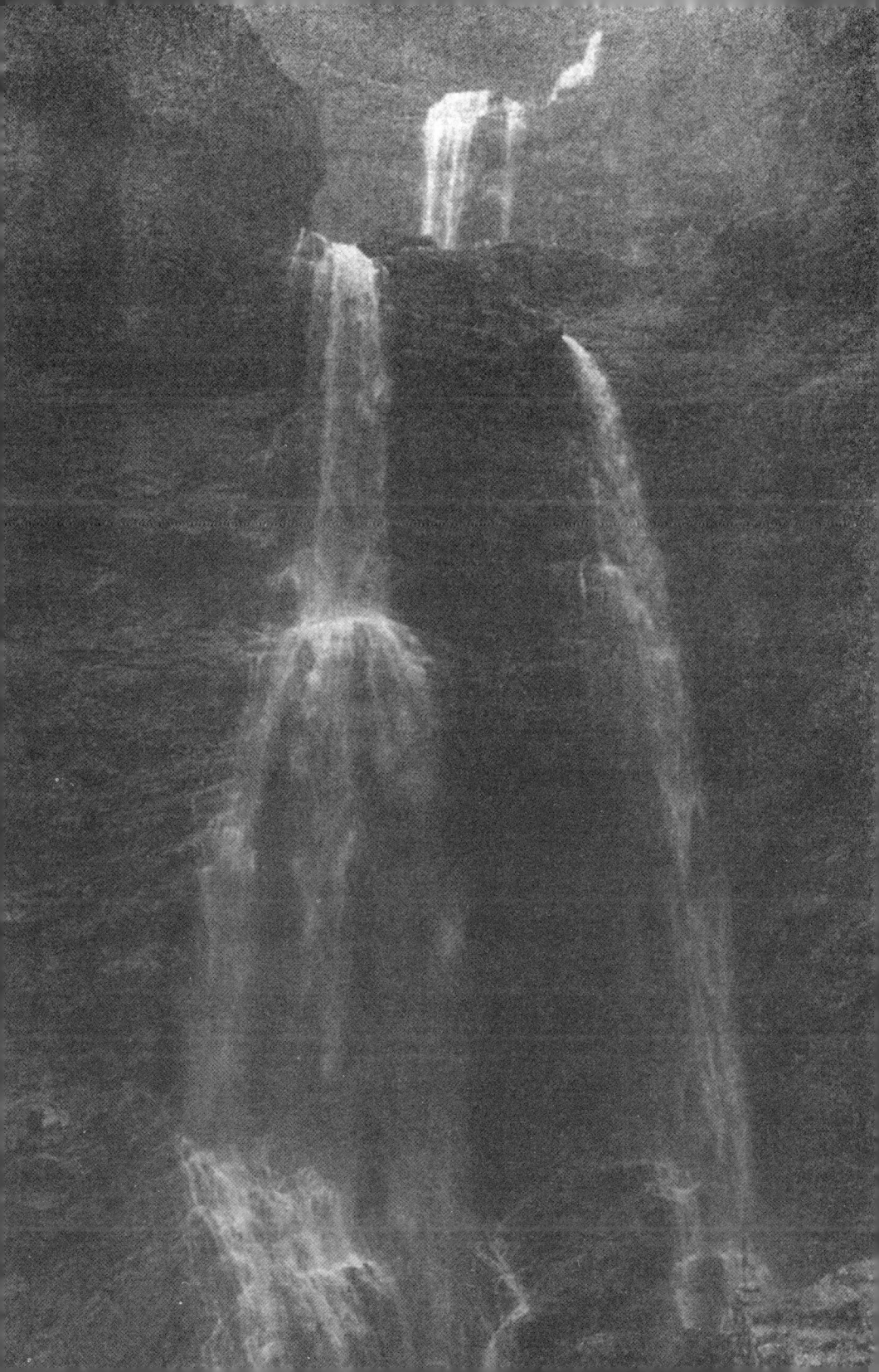

后遇泰山君学佛理的李白于佛典是深谙的。否则，也不能"敏捷诗此首"。看《与元丹丘方城寺谈玄作》："茫茫大梦中，惟我独先觉。腾转风火来，假合作容貌。灭除昏疑尽，领略人精要。澄虑观此身，因得通寂照。朗悟前后际，始知金仙妙。"此诗正是李白对佛教基本人生奥秘的参悟。首句是说，人生有如一场大梦，而先觉者自然是因为了悟了佛法真谛；"腾转"句云，世间的一切都是地、水、火、风四大假合而成，并无实体；"灭除"句指出，只有灭尽种种无明的疑惑，才能了悟佛法；"澄虑"四句认为，贯通

李白对佛教亦颇有研究

佛家顿悟之学，明心见性，就能洞彻过去、现在、未来三世，领会金仙（佛）之真义。佛法妙谛，娓娓道来，正显露出李白思想世界中常被忽略的佛教思想。

李白曾在一首诗里融儒、道、佛思想于一体

4. 儒、道、佛统一

儒、道、佛是中国人民信奉最多的教派，而三者是相互矛盾的，存在着出世入世的矛盾，存在着功名利禄与无欲无求的矛盾。然而李白这三种思想都具备，他曾在一首诗里融儒、道、佛于一炉，试看他的《峨眉山月歌送蜀僧晏入中京》："我在巴东三峡时，西看明月忆峨眉。

峨眉山风光

月出峨眉照沧海，与人万里长相随。黄鹤楼前月华白，此中忽见峨眉客。峨眉山月还送君，风吹西到长安陌。长安大道横九天，峨眉山月照秦川。黄金狮子乘高座，白玉麈尾谈重玄。我似浮风滞吴越，君逢圣主游凡阙。一振高名满帝都，归时还弄峨眉月。"

这无疑是一幅三教同趣图。诗里描写蜀僧晏身披峨眉山月，云游长安，会见圣主，高踞黄金狮子座上，手挥白玉麈尾，大谈老子玄玄之道，达到名振帝都的目的。从这可知李白是汇百家以融三教，超象外而得环中，故其所写诗，妙达神境。赵翼评道："（太白）诗之不可及处，在乎神识超迈，飘然而来，忽然而去；不屑于雕章琢句，亦不劳于镂心刻骨，自有天马行空、不可羁勒之势。"不得不承认，李白的儒、佛、道思想，是使其文章"奇之又奇"、异彩焕发的重要原因，也是其诗魅力永存的重要因素。

（四）关于李白的几个谜团

李白是中国文学史上响当当的人物，是唐代诗界的一颗闪耀的星。对于这样的一个人的一切，不说全了解也应该知道八九成，但是事实却并非如此。关于他的出生地、卒年、家世、妻室，还有他的行

李白的家世仍是一个谜

踪等很多问题都成了众多学者讨论争辩的对象，没有统一的说法。但是可以肯定的是，他的诗文是闪耀光芒的，这一点毋庸置疑。

1. 李白家世

对于李白的家世，大家都在猜测、推论、研究、探讨，说法不一。李阳冰《草堂集序》载："李白，字太白，陇西成纪人，凉武昭王九世孙。蝉联珪组，世为显著。中叶非罪，谪居条支，易姓与名。然自穷蝉至舜，五世为庶，累世不大曜，亦可叹焉。神龙之始，逃归与蜀。"在这段话里，交待李白的家世，凉武昭王九世孙。李白也自称是凉武昭王之后："陇西成纪人，

李白、杜甫长安醉酒雕塑

李广之后。凉武昭王九世孙。本家金陵，世为右姓，遭沮渠蒙逊之难，奔流咸秦。"如属实可能是李暠子嗣中李翻、李宝之后。《凉武昭王传》载："李暠薨，子歆立，是为凉后主。四年，为胡族沮渠蒙逊所杀。弟李翻弃敦煌出奔，蒙逊徙翻子宝于姑臧。岁余，北奔伊吾，后归于魏。"《北史·序传》更为详细地介绍了这一情况："宝遇家难，为沮渠蒙逊囚于姑臧。岁余，……北奔伊吾，臣于蠕蠕。……属太武遣将讨沮渠无讳于敦煌，无讳捐城遁走。宝自伊吾南归敦煌，……规模先业，……奉表归诚。……真君五年因入朝遂留京师。"

有人认为李白是李宝之后、李覆之后。贞观二年，唐太宗为了维护纲常名教，警告当朝可能不忠的臣子，下诏治其罪，理由是"君虽不君，臣不可以不臣。斐虔通，炀帝旧左右也，而亲为乱首，……天下之恶，孰云可忍！宜其夷宗焚首，以彰大戮；但年代异时，累逢赦令，可特免极刑，除名削爵，迁配驩州"。于是在贞观七年时下诏处罚李孝本、李孝质、李覆，而且连带族属一并处罚，"其子孙并宜禁锢"，身在流地不准回乡也属于禁锢，李白的祖先也在其中。

还有就是李白是李宝族系中李轨一支，李轨与李渊是同宗近族。李轨，字处则，武威姑臧人，河西著名豪望，隋大业

年轻的李白

青莲桃花山

末年被任为武威郡鹰扬府司马。隋朝末年，"李氏当为天子"的谶语使李姓很多人士惨遭杀害，为保全性命，反抗隋朝的残暴统治，于大业十三年（617年），李轨率兵攻入内苑城，擒拿隋官谢统师等，结束了隋朝在凉州的统治。李轨自称河西大凉王，建元安乐。次年冬，李轨正式称帝，史称大凉政权。不久后张掖、敦煌、西平（今青海西宁市）、罕（今临夏市）等地，河西五郡尽归大凉政权。唐高祖李渊为统一大计，遣使与李轨结好，封其为大将军，遣还凉州，以表对其信任。李渊又遣使持节拜李轨为凉州总管，封凉王。但是李轨不接受大唐封号，李渊很是不满。派兵攻打大凉，不久李轨兵败，于武德二年五月，

李白故居太白堂

李轨在长安被杀。而他的族人被流配，李轨割据河西时就与外族联系，《旧唐书·李轨传》载李渊欲讨李轨时曾担心其"据河西之地，连好吐谷浑，结援于突厥，兴兵讨击，尚以为难"，西出阳关，北走瀚海甚为便利。这些地方都是当时唐朝势力未到之处。逃离配所这是问题的关键，按唐律，流人逃亡处死，如果逃往异域，就是"谋背国从伪"；投蕃国，那就是直接地犯了大逆之罪，变"缘坐"为主犯，不仅本人杀无赦，而且家族其他人也要受到严惩。

2. 李白的生卒年问题

关于李白生卒年的问题，也是在推论中，说法众多：

新建的三层仿唐建筑太白楼

武则天圣历二年（699 年）——宝应元年（762 年），终年 64 岁；

长安元年（701 年）——广德二年（764 年），终年 64 岁；

长安元年（701 年）——广德元年（763 年），终年 63 岁；

神龙二年（706 年）——大历二年（767 年），终年 62 岁。

之所以有这么多的说法，首先是资料的佐证缺乏。还有，李阳冰并没有说李白是否已经病殁，李阳冰所整理的李白的诗集是李白在当涂大病之前所写的诗，李白当涂病情怎样无人能知晓，这对于了解李白生卒年是一个重要的问题，也是一个挑战。

3. 李白家室之谜

李白的第一个妻子是湖北安陆故相许圉师的孙女，而且李白是入赘许家的，在他 27 岁时也就是开元十五年（727 年）时与许氏结为连理，这是毋庸置疑的。问题在于所生的子女，魏颢《李翰林集序》有"白始娶于许，生一女一男。曰明月奴，女既嫁而卒卒。又合于刘，刘诀。次合于鲁一夫人，生子曰颇黎。终娶于宋"之说。郭沫若提出异议：魏颢的序文，夺误颇多，很难属读。……既言许氏"生

一女一男"，而接着却只标出一个"明月奴"的名字。"明月奴"很明显是女孩子的小名，不像男孩子的名字。因此，"一男"二字是后人加上去的。刊本或作"二男"，更谬。除去"一男"二字，即"白始娶于许，生一女，日明月奴"，文字便毫无问题了。

这里，对于李白有几个孩子，产生了疑问，但是在李白《寄东鲁二稚子》："娇女字平阳，折花倚桃边。折花不见我，泪下如流泉。小儿名伯禽，与姊亦齐肩。双行桃树下，抚背复谁怜。念此失次第，肝肠日尤煎。"平阳和伯禽就是李白的一对

李白故居一景

儿女。平阳，生于开元十六年（728 年），伯禽生于开元十九年（731 年）。

李白的最后一位夫人是故相宗楚客的孙女宗氏，李白依旧是赘婿的身份。这位宗氏信奉道教，据说曾经与李林甫的女儿李腾空在庐山修道。李白娶宗氏时许氏已经去世，宗氏不愿养许氏的两个孩子，李白只好把他们姐弟俩寄托在山东鲁地任城。虽然宗氏清心寡欲，但是在李白因永王一案入狱时，也曾极力营救。可是李白长流夜郎途中遇赦归来之后并没有与宗氏团聚，也没有和姐弟俩在一起，而是选择继续流浪。

在许氏和宗氏之间，出现了两个女人。一个为刘氏，刘氏是李白在许氏去世后在一起的，没多久就离异了。郭沫若认为，这个刘氏是李白游江东时结合的，李白曾经在《南陵别儿童入京》中写到"会稽愚妇"。这个刘氏可能是一位与朱买臣的妻子差不多的，嫌贫爱富、不安于室的人，所以二人结合不久后就离异了。第二位女性是鲁氏，而且还有一个孩子颇黎。郭沫若认为，这位鲁氏是李白朋友的妻室，李白托她照顾自己的孩子，而所谓的颇黎就是伯禽，而且根据字音字形推断，李白的儿子应该是叫伯离。

李白故居一景

关于李白的出生地，有一种说法是哈密的碎叶城

李白有两位故相后裔之女为妻室，这是不争的事实，而刘氏、鲁氏是否存在？若存在，与李白的关系是否暧昧？李白有三个孩子，还是两个孩子？我们只能从仅有的一点点的文献资料中去寻找，正确的答案是什么，现在还不能太肯定。

4. 李白出生地

李白出生在哪里，仍然是一个热门的话题。自20世纪70年代以来，李白出生在中亚碎叶城的说法很流行。中亚碎叶城是指伊塞克湖畔的托克马克城附近的古城遗址。范传正《唐左拾遗翰林学士李公新墓碑并序》载："隋末多难，一房被窜于碎叶，流离散落，隐易姓名。"隋末因为"李氏当为天子"的谶语，使大批李姓人士惨遭杀害，李白的祖先为了避难而逃难于中亚的碎叶，李白就出生于此。在西域叫碎叶的地方有很多，"碎叶"是突厥语，意思是游说的地方。还有一个说法是李白的出生地是哈密的碎叶城。据记载，609年隋炀帝派大将薛世雄攻打伊吾（今哈密城），伊吾请降，于是并归隋地，成为隋朝的领土。615年时，隋炀帝杀害李浑、李敏、李善衡等人，并将其宗族"自三从以上皆徙边缴"，而伊吾就是其中的一个"徙边"的地点。根据钟方所撰写的《哈

古高昌城遗址

密志》可得知，在哈密确实有一个叫"碎叶"的地方，所以一些学者们认为，"一方被窜于碎叶"中的"碎叶"应该是哈密的碎叶城。李白应该出生在哈密碎叶城，也就是伊吾。

另一个关于李白出生地的说法是"中叶非罪，谪居条支"。李阳冰《草堂集序》载："李白，字太白，陇西成纪人，凉武昭王暠九世孙，蝉联珪组，世为显著。中叶非罪，谪居条支，易姓与名。然自穷蝉至舜，五世为庶，累世不大曜，亦可叹焉。神龙之始（705年），逃归于蜀，复指李树而生伯阳。""中叶"一般指的是中世、中古，学术界认为这里的"中叶"是指初唐之时，不是唐前的隋朝。而"谪"是指

夕照高昌城

高昌城遗址

高昌城佛塔遗址

罚罪或谴责，"谪居"应该是逃往的委婉表述。在这里，"中叶非罪"指的是初唐时期，李轨与李渊的事，李轨在岁末占据河西一代，自立为王。李渊建唐后，李轨先附后叛，其族人也一起受到牵连，李白的祖先被迫迁到"条支"的地方，所以根据此事，学者们推断，李白的出生地是一个叫做"条支"的地方。"条支"这个地方在《史记》《汉书》中都有记载，是一个国名，位于地中海东岸的塞琉古王国，居于欧亚交通要道，贸易发达。一些学者认为，这个"条支"其实就是吐鲁番的故城高昌。根据史料记载，故城高昌曾有"秦城"之名，所以李白的出生地可能是故城高昌。

二　李白与酒

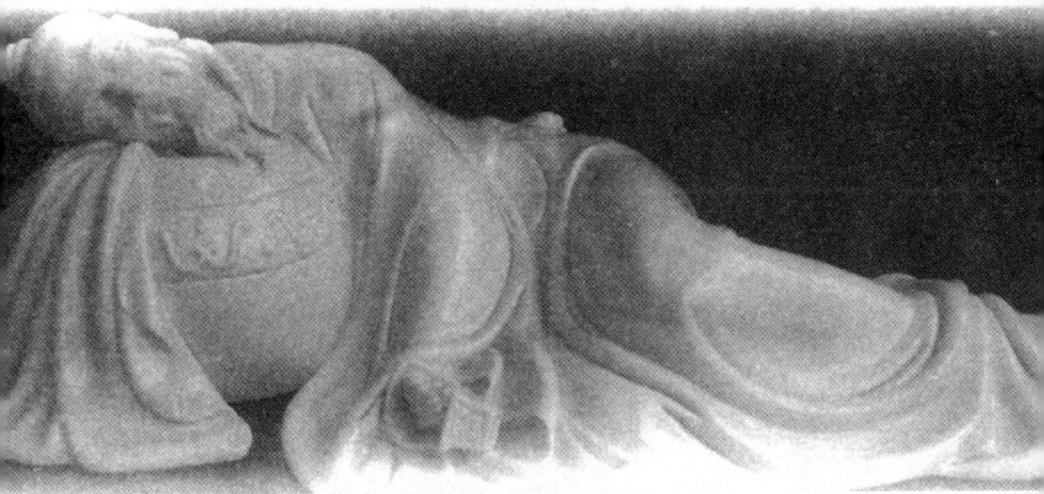

李白醉酒

诗仙李白还有另外一个称号，就是酒仙。李白爱喝酒，也可以说他是一个嗜酒如命的人。他高兴时喝酒，愤懑时也喝酒；上顿喝完，下顿还要喝酒。他几乎每天都喝酒，"三百六十日，日日如醉泥""百年三万六千日，一日徐青三百杯"，虽然有些夸张，但是足以表明他是多么的嗜酒。但是也正是因为爱喝酒，李白在半醉半醒中造就了许多诗，并升华到极致。

李白喝酒首先是解忧遣愁。酒是一种文化意蕴特别强的饮品，早在先秦时，酒就已经不只是满足人们口腹之欲了。《诗经·周南·卷耳》中写道："我姑酌彼兕觥，维以不永伤。"这里酒就不是为了满足主人公的生理需要，而是排遣忧伤的情绪。李白亦是如此。李白在文学上的造诣极深，这使他恃才傲物，太过于自负。当时的黑暗政治、官场的尔虞我诈，对于恃才傲物的李白来说，政治上的失败使他感到非常愤懑。他纵有一身的才华却展示不出来，他自认为英雄无用武之地，所以就用酒来排遣。在《宣州谢朓楼饯别校书叔云》中最能体现李白的愁苦：

> 弃我去者，昨日之日不可留；
> 乱我心者，今日之日多烦忧。
> 长风万里送秋雁，对此可以酣高楼。

李白醉酒核雕作品

李白与酒

蓬莱文章建安骨，中间小谢又清发。

俱怀逸兴壮思飞，欲上青天览明月。

抽刀断水水更流，举杯销愁愁更愁。

人生在世不称意，明朝散发弄扁舟。

谢朓楼是南齐诗人谢朓在宣州任太守时在陵阳山上建成的一座楼。李白在天宝元年（742年）怀着远大的政治理想来到长安，在翰林院任职。两年后，由于遭到小人的谗言而离开朝廷，内心十分愤慨，从此又开始了漫游生活。在天宝十二载（753年）秋，李白来到宣州，他的族叔李云（官为校书郎）将要离去，为饯别他而写成此诗。通过对蓬莱文章、建安风骨、谢朓诗歌之豪情逸兴的赞美，

谢朓楼

谢朓楼

在历史的深处勾勒出一个理想化的精神范型。而以此与烦忧现状作鲜明对照，更激起"抽刀断水水更流，举杯销愁愁更愁"那样的无从消解的情感冲突。"蓬莱文章建安骨，中间小谢又清发"，他想到了汉代宏伟的文章，建安诗的刚健风骨，身在谢朓楼，更想到在汉、唐之间出现的小谢的诗歌。他对这些文化传统很仰慕，所以自负地用汉文、魏诗和小谢的成就来比较并称许李云和自己。想到这里，诗人的情感越发激动、高昂，于是就发出了"俱怀逸兴壮思飞，欲上青天览明月"的呼喊。他胸怀壮志豪情，

李白用诗歌形式宣泄自己怀才不遇的悲愤之情

要高飞远骛到天上去摘取明月。当然上青天揽明月只是一种要求解除烦忧、追寻自由的幻想，幻想毕竟是幻想，在现实世界中是不能实现的。最终他跌落到现实，所以作者愁苦，于是说道："愁苦就好比用刀切断水流一样，结果，水反而流得更急了，用饮酒取醉的办法去解除忧愁是绝对不可能的，因为酒醉后反更引发了内心的愁苦、愤懑。"结尾两句是说在这个社会里理想不能实现，就只有等待有一天能够抽簪散发驾着一叶小舟驶向远方了。诗人将解除烦忧，获取自由的希望寄托在明朝，这虽然是一个渺茫的幻想，但却表现了他那不甘

李白醉酒

沉沦的、豁达乐观的精神。在这首诗里，作者由忧愁到豁达的转折点是"举杯销愁"，酒醉之后一切都豁然，虽说是"愁更愁"，但是就是因为"举杯销愁"所以才"人生在世不称意，明朝散发弄扁舟"。

李白斗酒诗百篇。李白喝酒虽是为了抒发自己的不得志，释放政治失意的苦闷，但与此同时，酒也激发了李白的灵感，使他创造出无人能及的诗歌篇章。杜甫在《饮中八仙》中是这样描写李白饮酒作诗的："李白一斗诗百篇，长安市上酒家眠。天子呼来不上船，自称臣是酒中仙。"《将进酒》是李白以酒兴诗的一首震撼的作品：

《庐山瀑布》

君不见黄河之水天上来，奔流到海不复回。

君不见高堂明镜悲白发，朝如青丝暮成雪。

人生得意须尽欢，莫使金樽空对月。

天生我材必有用，千金散尽还复来。

烹羊宰牛且为乐，会须一饮三百杯。

岑夫子，丹丘生，将进酒，杯莫停。

与君歌一曲，请君为我侧耳听。

钟鼓馔玉何足贵，但愿长醉不复醒。

古来圣贤皆寂寞，惟有饮者留其名。

陈王昔时宴平乐，斗酒十千恣欢谑。

主人何为言少钱，径须沽取对君酌。

五花马，千金裘，呼儿将出换美酒，与尔同销万古愁。

这首诗翻译过来大概是这样的：你看！那黄河之水仿佛从天而降，奔流到海永不回头，你看哪！这人生易老，早上照镜子还是一头黑发，到了晚上就变成白发苍苍了。人生在世得意的时候就应该痛痛快快地喝酒，莫叫酒杯空对着明月。我们的才能自有用得着的地方，钱花了还会再来。杀羊宰牛，大碗喝酒，大块吃肉，非得喝他个三百杯不可。岑夫子、丹丘生，且饮酒，莫停杯。请听我唱一支祝酒歌。钟鸣鼎食的不算宝贵，但愿天天有酒喝，而长醉不醒才是快乐。古来的那些帝王将相，圣人贤人都是寂

黄河之水天上来

寞的，谁还记得他们，还不如我李白落了个"酒仙"的美名。昔日陈王曹植曾说过"归来宴平乐，美酒斗十千"，饮酒取乐，我就是钦佩像曹植这样饮酒写诗的人。主人不用担心钱不够，有好酒只管拿来喝。连五花名马、价值千金的皮衣我都舍得拿来换酒喝，我要与你们用美酒来冲洗积压在胸的万古之愁。一会儿天上，一会儿地下；一会儿"青丝"，一会儿"白发"，天马行空，大起大落，以奔放的基调，狂放的姿态，言别人所不敢言，想别人所不敢想的。这就是李白酒中作诗吟赋的姿态——狂傲。

李白饮酒作诗，尽显豪情

李白喝酒解闷，创作了傲人的诗歌

李白喝酒解闷，创作了傲人的诗歌成就，但是于此同时却不可避免地造成了一些悲剧。首当其冲的是家庭悲剧。李白喝酒是"三百六十日，日日如醉泥"，来自李白的《赠内》。李白天天以酒为伴，日日昏昏沉沉的，任谁也受不了，家庭矛盾不可避免。李白的妻子许氏是故相之后，家境应该很不错，应该是很有威望的一族，中国传统的儒家文化要求文士"修身齐家治国平天下"，这样天天喝酒的李白，难免受到家族当中其他人的藐视和厌弃，作为李白的妻子，自然会感到脸上无光。李白天天喝酒天天醉，许氏面对这样的丈夫，对于夫妻生活感觉不到温馨，对李白的反感自然而然地形成。李白也曾感到愧疚，

翰林院一景

写下这首《赠内》："三百六十日，日日如醉泥。虽为李白妇，何异太常妻。"但是，李白一遇到美酒，就把许氏忘得一干二净，这肯定会影响两人的感情，夫妻感情危机随之诞生。

李白饮酒亦带来政治上的悲剧。在安陆地区干谒活动是李白出蜀后寻找政治出路的开始，但是因为酒，李白或多或少地得罪了当地的一些有望人士。魏颢在《李翰林集序》中云："李白又长揖韩荆州，荆州延饮，白误拜，韩让之，白曰'酒以成礼'，荆州大悦。"李白的解释虽然机敏但显得牵强。韩荆州的"大悦"是真是假已无法得知，也不重要，但是李白经常醉酒并因此失礼必定会给包括韩荆州在内的地方官吏留下不好的印象。这对他以后的政治道路一定有影响，只不过李白自己并没有认识到这一点，因此在多年之后丢了官。

天宝元年，李白应召入京，初入长安任供奉翰林时，颇受玄宗重视。李阳冰《草堂集序》载：玄宗"降辇步迎，如见绮、皓。以七宝床赐食，御手调羹以饭之"，并且"问以国政，潜草诏诰"，但是李白供奉翰林期间仍然经常喝醉酒。魏颢《李翰林集序》："上皇豫游召白，白时为贵门邀饮，比至半醉，令制《出师诏》，不草而成……"范传正《唐左拾遗翰林学士李公新墓碑并序》："皇欢既洽，召开作序。时公已被酒于翰苑中……"；孟棨《本事诗》："尝因宫人行乐，（玄宗）谓高力士曰：'对此良辰美景，岂可独以声伎为娱，倘时得逸才词人吟咏之，可以夸耀于后。'遂命召白。时宁王邀白饮酒，已醉；既至，拜舞颓然。"《旧唐书·文苑列传》："白既嗜酒，日与饮徒醉于酒肆。玄宗度曲，欲造乐府新词，亟召白，白已卧于酒肆矣。"《新唐书·文艺列传》："帝坐沉香亭子，意有所感，欲得白为乐章，召入，而白已醉。"从这些资料中可以看出，李白几乎每次应召入宫都已烂醉如泥，他"常侍帝醉"，难免会失礼，有损天子近臣的身份和宫廷大雅。他又常常出入禁中。在这种情形之下，玄宗怎能不虑其酒后失言泄露宫廷秘密。作为朝廷命官，整日酩酊大醉，怎能保持清醒头脑，作出正确判断？酒诗百篇倒是可以，为政则就是大忌了。因此，玄宗尽管十分喜爱李白的清丽词章，但时间一久，对其印象定会渐渐改变。最终，玄宗以担心李白"乘醉出入省中，不能不言温室树，恐掇后患"（范传正《唐左拾遗翰林学士李公新墓碑并序》为由，

李白任供奉翰林期间仍经常醉酒

李白终被驱逐出翰林院

诏令归山。客观地说，李白被逐出宫廷的原因是多方面的，李白的恃才傲物、缺乏实际政治才干是其主观方面的原因；而后期的玄宗沉湎声色、厌倦朝政、不再重视人才则是客观原因。不过，李白的纵酒也是其中的一个不可忽视的原因。李白试图借酒销愁："穷愁千万端，美酒三百杯。愁多酒虽少，酒倾愁不来。"（《月下独酌》）但是，他的许多忧愁和烦恼恰恰是因为没有节制的纵酒带来的。尽管有时也意识到"举杯销愁愁更愁"，他仍然要"但愿长醉不复醒"。李白是否意识到这些我们不得而知，但从他的诗文中可以看出他对酒的态度是复杂的。南北朝人陈宣在《与兄子秀书》中曾云："酒犹水，可济可覆。"李白与酒的关系是此言的最好例证。

酒醉之后，李白的思想是大胆的，把他本身所具有的儒、道、佛思想全都汇集在一起，那佛、道思想是一种豁达、空旷、净洁的思想，从而使李白的诗呈现出仙风道骨；而醉中的李白所有的愤懑不愉快也都集中在一起，真实情感也就融入到了诗里，所以李白的诗，通过酒的升华，又具有灵性。

三 李白诗歌的艺术特点

李白的诗歌代表了唐代诗歌甚至是我国古典诗歌的最高水平。他的诗歌创作不仅具有丰富的思想内容，而且具有高度的艺术性。

　　李白诗歌中具有强烈的自我意识，在他的诗里多次出现"我""余""吾"等表示自己的字样，也常常能看到他自我抒情与陶醉的形象。如《上李邕》："大鹏一日同风起，抟摇直上九万里，假令风歇时下来，犹能簸却沧溟水。"这里的大鹏，并非是庄子逍遥自适的大鹏，而是展现自己的奇异大鹏。《江上吟》："兴酣落笔摇五岳，诗成笑傲凌沧洲"，表达了李白词章不朽的强烈愿望，落笔之际气势磅礴，

落笔之际气势磅礴

可以撼动山岳；诗成后傲然卓立，阔大的胸襟可以凌驾江海之上，表现了作者对自己文学才能的高度自信。饮酒赋诗时的气吞山河、傲岸不群的神态，这种鲜明的个性特征使我们可以充分地感觉到诗人强烈的自我意识给人的压迫性。还有从"如逢渭水猎，犹可帝王师""壮士怀远略，志在解世纷""仰天大笑出门去，我辈岂是蓬蒿人""太白与我语，为我开天关""天生我材必有用，千金散尽还复来""长风破浪会有时，直挂云帆济沧海""东山高卧时起来，欲济苍生未应晚"等诗句中，不难发现其中强烈的主观色彩。这种自我意识来源于李白的自信，同时也是李白个

诗人往往有一种气吞山河、傲岸不群的气势

李白有着宽广的胸襟和张扬的个性

性特征极力张扬的结果。这种强烈的自我意识不仅导致李白相信"天生我材必有用",深信自己的潜在能力会得以极大发挥,从而去追求一种无所不能的逍遥;而且还会激起诗人的乐观情感,使李白在逆境中得以遇变不惊,充分展示自我,进而使他那种狂放不羁的个性得到充分发展。但是这种自信又导致了李白的自我标榜。让李白感到最光荣的事是天宝元年奉诏入京,于是李白在诗中给自己定了一个位,而李白官败之后,每提及此事时也是无比自豪。在《书情赠蔡舍人雄》写道:"遭逢圣明主,敢进兴亡言。"再看《赠溧阳宋少府陟》"早怀经济策,特受龙颜顾",

《江夏赠韦南陵冰》"昔骑天子大宛马，今乘款段诸侯门"，《玉壶吟》"凤凰初下紫泥诏，谒帝称觞登御筵。揄扬九重万乘主，谑浪赤墀青琐贤。朝天数换飞龙马，敕赐珊瑚白玉鞭。世人不识东方朔，大隐金门是谪仙"，《驾去温泉宫后赠杨山人》"一朝君王垂拂拭，剖心输丹雪胸臆。忽蒙白日回景光，直上青云生羽翼。幸陪鸾辇出鸿都，身骑飞龙天马驹。王公大人借颜色，金章紫绶来相趋"，《单父东楼秋夜送族弟沈之秦》"长安宫阙九天上，此地曾经为近臣"，《流夜郎赠辛判官》"昔在长安醉花柳，五侯七贵同杯酒。气岸遥凌豪士前，风流肯落他后。夫子红颜我少

李白有一种桀骜不驯和狂放不羁的个性

李白诗歌的艺术特点
057

天姥山一景

年，章台走马著金鞭。文章献纳麒麟阁，歌舞淹留玳瑁筵"。他的自我张扬、自我肯定、自我标榜，构成了他的自我意识，而这种意识使他的诗具有一种先声夺人的气魄。

李白诗歌想象丰富，构思奇特，意象梦幻，意境雄伟。他很少对生活作细致、如实的描绘，而是驰骋想象于广阔的空间，再穿插以历史、神话、梦境、幻境和大自然的景物，捕捉许多表面上看来没有逻辑联系的意象，运用独特的匠心，构成一幅幅惊心动魄的图画，表现跌宕起伏的感情。这一点，《梦游天姥吟留别》表现得最为突出：

海客谈瀛洲，烟涛微茫信难求。越人语天姥，云霞明灭或可睹。

天姥连天向天横，势拔五岳掩赤城。天台四万八千丈，对此欲倒东南倾。

我欲因之梦吴越，一夜飞度镜湖月。湖月照我影，送我至剡溪。

谢公宿处今尚在，渌水荡漾清猿啼。脚著谢公屐，身登青云梯。

半壁见海日，空中闻天鸡。千岩万转路不定，迷花倚石忽已暝。

熊咆龙吟殷岩泉，栗深林兮惊层巅。云青青兮欲雨，水澹澹兮生烟。

列缺霹雳，丘峦崩摧。洞天石扉，訇然中开。

青冥浩荡不见底，日月照耀金银台。霓为衣兮风为马，云之君兮纷纷而来下。

虎鼓瑟兮鸾回车，仙之人兮列如麻。忽魂悸以魄动，恍惊起而长嗟。

惟觉时之枕席，失向来之烟霞。世间行乐亦如此，古来万事东流水。

别君去兮何时还？

且放白鹿青崖间，须行即骑访名山。安能摧眉折腰事权贵，使我不得开心颜！

在这首诗里，可以看到似梦的境界，像是在天阙之上。感慨深沉激烈，变化

天姥峰

恍恍莫测于虚无飘渺的描述中，寄寓着生活现实。作者展开了丰富的想象，游天姥山还看似现实，而往后则越来越梦幻，李白把云比作密密麻麻的仙人。此诗给人一种惊心动魄之感，如"天台四万八千丈，对此欲倒东南倾""千岩万转路不定，迷花倚石忽已暝。熊咆龙吟殷岩泉，栗深林兮惊层巅""列缺霹雳，丘峦崩摧。洞天石扉，訇然中开。青冥浩荡不见底，日月照耀金银台。霓为衣兮风为马，云之君兮纷纷而来下。虎鼓瑟兮鸾回车，仙之人兮列如麻"。这样的奇特的想象，奇特的境界也就只有李

《梦游天姥吟留别》充满想象力

李白诗中富有浪漫主义气息

白才能写出来。在这首诗中所出现的意象很多，大部分都是梦幻的，超现实的，如"仙""鸾""白鹿""虎鼓瑟"等使这首诗具有浓厚的浪漫主义色彩。

李白诗句清新自然、豪放而生动，而且善于运用夸张。他不拘于格律，不雕琢字句，一切统一于自然。他有两句诗说"清水出芙蓉，天然去雕饰"，恰好可以用来说明他的诗的语言特色。

李白诗云："三朝上黄牛，三暮行太迟。三朝又三暮，不觉鬓成丝。"还有许多诗篇在语言风格上保持了率真自然、明朗流转的风格，深得民歌韵味。如《宣城见杜鹃花》："蜀国曾闻子规鸟，宣城还

杜鹃花开

见杜鹃花。一叫一回肠一断，三春三月忆三巴。"再如《白云歌送刘十六归山》："楚山秦山皆白云，白云处处长随君。长随君，君入楚山里，云亦随君渡湘水。湘水上，女萝衣，白云堪卧君早归。"他广泛汲取了前代文人诗歌的精华，形成通俗而又精练、明朗而又含蓄、清新而又明丽的风格特色。他的"自然"并不仅仅是除去雕饰，浅显明白，而且是语近情遥，具有丰富的意味。七言绝句《早发白帝城》："朝辞白帝彩云间，千里江陵一日还。两岸猿声啼不住，轻舟已过万重山。"这首诗用很单纯自然而又豪放有力的语言表达了极其深厚的感情。前二句语带夸张，但纯然白话；后二句形容轻舟之快，亦明白如话。这首诗是用了《水经注·江水》的典故的，但是我们并没有感觉李白是在用典，他的自然就能达到这种地步。

李白的诗体多样，但贡献最大的是七言古体诗和七言绝句。这两种诗体在当时也是最新、最自由的，和他那自由豪放的个性也特别适应。他这方面的成就也很得益于学习乐府民歌。《峨眉山月歌》："峨眉山月半轮秋，影入平羌江水流。夜发清溪向三峡，思君不见下渝州。"《黄鹤楼送孟浩然之广陵》："故人西辞黄鹤楼，

白帝城一景

白帝城远景

烟花三月下扬州。孤帆远影碧空尽，惟见长江天际流。"《赠汪伦》："李白乘舟将欲行，忽闻岸上踏歌声。桃花潭水深千尺，不及汪伦送我情。"这是几首脍炙人口的七绝。

沈德潜《唐诗别裁》说："七言绝句以语近情遥，含吐不露为贵。只眼前景，口头语，而有弦外音，使人神远，太白有焉。"他说的这些特点，实际上也就是深得民歌天真自然的风致。即以《早发白帝城》一诗而论，全篇词意完全出于《水经注》"巫峡"一篇，但语言之自然、心情之舒畅乐观，与原文风貌却迥然不同。他的七绝向来和王昌龄齐名，各具特色。但就接近民歌一点说，他却超过了王昌龄。他的五律，运古诗质朴浑壮气势于声律格调之中，往往不拘对偶，也很别具风格，如《夜泊牛渚怀古》《送友人》等篇，历来为评论家所称引。

在中国文学史上，就一位作家在当时所引起的轰动而言，李白的震慑力无人能及。他像一阵雷霆、一股狂飙，以其壮丽的诗歌征服了同时代的人。李白用他的经历、情感以及思想，绘制成了"李白诗"，并且取得了傲人的成就。

四 李白浪漫主义诗歌产生的因素

李白诗的意境奇异壮丽

李白的诗歌充满着积极的浪漫主义色彩，具有豪迈奔放的特点。诗句清新飘逸、超凡脱俗，诗的意境奇异壮丽、旷达广袤、扑朔迷离，呈现出丰富多彩的优美画卷，展示了诗人恢弘的气魄。浪漫主义诗歌代表了李白诗歌的所有成就，是李白诗歌中最精华的部分。

（一）思想渊源

诗歌的创作是一个复杂的过程，这其中包含了诗人的文化底蕴、知识含量以及思想基础。李白集道家、儒家、佛家思想于一身，受过符箓的道士，参加过正式的入教仪式，可以说李白是一个正牌的道士，所以他具有道家的洒脱和狂放，而丝毫没有佛家的悲观。与佛教的普度众生和祈求来世不同，道教珍视个体生命并渴望现世快乐，而且终极目的是生存和享乐的欲望。因此，他们的生活态度是过分的自由，而李白的诗歌充满了大胆的想象和奇异的夸张，常常出语惊人、行文跌宕，其中一些作品带有明显的游仙色彩，显然受道教的直接影响。如《西岳云台歌送丹丘子》在九重天、蓬莱境的环境下先将明星、玉女、麻姑、天帝这些道教传说中的仙人与自己的好友元丹丘混杂在一起，最后写自己与道友二人饮玉液琼浆、骑茅龙升天的故事。奇奇怪怪、不可端倪，在传说与想象中幻化着自己真实的情感。再如《梦游天姥吟留别》，更是借梦游的方式写出了"霓为衣兮风为马，云之君兮纷纷而来下。虎鼓瑟兮鸾回车，仙之人兮列如麻"的群仙起舞的景象，并以仙界的美好来反衬世俗的龌龊。与其说游仙是为了寻道，不如说是为了寻己，因为寻道或仙者不是别人，正是自己。李白诗中始终有着一个愤世疾俗、遗世高蹈、特立独行的主体形象，《夏日山中》："懒摇白羽扇，裸袒青林中。脱巾挂石壁，露顶洒松风。"《题情深树寄象公》："肠断枝上猿，泪添山下樽。白云见我去，亦为我飞翻。"这种道教的"有我之境"

李白诗歌有道教游仙的色彩

李白浪漫主义诗歌产生的因素

《维摩诘图》

显然有别于佛教的"无我之境"。即使在反映世俗生活的诗歌中，李白的主体形象也是极为鲜明的。失意时，他大喊"大道如青天，我独不得出"；得意时，他高唱"仰天大笑出门去，我辈岂是蓬蒿人"，既不似儒家的温柔敦厚，也不似佛教的空澈澄明。道教美学对李白的影响是广泛的、全方位的，除上述"游仙色彩"和"有我之境"的直接体现外，更多的情况是具有想象、夸张、神化色彩的间接影响。

佛教思想也是李白浪漫主义诗歌成就的功臣之一。李白在游历过程中接触了很多佛教僧侣，了解了很多的佛教文化，这种影响体现在了他的作品中，如《答湖州迦叶司马问白是何人》："青莲居士谪仙人，酒肆藏名三十春；湖州司马何须问？金粟如来是后身。"最后一句的"金粟如来"指的就是维摩诘居士。敦煌变文《维摩诘居士讲经文》云："毗离耶城里，有一居士，名号维摩，他原是东方无垢世界的金粟如来，意欲助佛化人，暂住娑婆秽境。"诗人将自己与维摩诘居士联系起来，表明他对自己身份的界定。从李白"青莲居士"的名号中，我们也能清楚地看出李白对自己身份的确认。"青莲居士"中的"青莲"不仅

李白诗中的"青莲"，含有佛教象征意义

指诗人的故乡"青莲乡"，在佛教中，"青莲"也代表特定的意义。清代注释李白诗歌的大家王琦在《李太白年谱》中说："青莲花出西竺，梵语谓之优钵罗花，清净香洁，不染纤尘，李白自号疑取此意。""莲花"还是佛教清净高洁的象征，经典中亦不乏对莲花出淤泥而不染的描写。如《六度集经》中："心犹莲花，根茎在水，华合未发，为水所覆。三禅之行，其净犹华，去离众恶，身意俱安。"又《华严探玄记》卷三："如世莲花，在泥不染，譬法界真如，在世不为世法所污。"在这些经典中，皆以"莲花"为喻，来阐释深奥的佛理。

《孔子圣迹图》

　　儒家思想也是李白创作的渊源之一。李白从小就深受儒家思想的影响，而且对自己的政治才能过分自负，总想依靠自己的才能学识以获得帝王的特殊赏识，一步而跃居卿相的高位，进而去建立赫赫功业。在儒家与道家的共同影响下，李白为自己设计了一条"功成一名遂一身退"的特殊生活道路，他在诗中也反复强调："愿一佐明主，功成返旧林……待吾尽节报明主，然后相携卧白云。"然而这条路在现实中却走不通。李白为了表达这种矛盾所造成的强烈感受，必然在创作上要选择易于表达自我主观色彩的浪漫主义的创作方法。

（二）政治因素

　　唐初，由于统治者总结隋王朝灭亡的教训，采取了一系列积极政策发展生产，社会经济得到了长足的发展。到唐玄宗元年间，国家高度统一，国力空前强大，政治比较清明，社会也相对安定，这就极大地激发了人们乐观上进的信心、高度的民族自豪感和强烈的爱国精神，而这种乐观向上的社会心态正是培养浪漫主义诗歌的优良温室。其次，唐承隋后建立的大一统封建王朝，由于采取了开明政策，社会思想文化比较开放活跃，封建礼教相对松弛，人们主观精神昂扬奋发，加上北方少数民族游牧尚武的习

大唐王朝的繁荣昌盛直接影响了人们乐观积极的生活态度

李白浪漫主义诗歌产生的因素

071

气被吸纳到社会生活中来，这就使得人们偏于高估自身价值，强调个性张扬，推崇人格独立，蔑视现存秩序和礼法传统的束缚。在唐代诗人，尤其是在盛唐诗人身上，普遍存在一种重义轻财、好勇尚武的侠士风度，它与诗人们宣泄怀才不遇的抑郁不平结合在一起，就构成了那种慷慨激昂、奋进敢为的精神特质。只是这种精神特质在李白的身上反映得更强烈，而且也更具艺术性。

（三）楚辞与乐府的影响

楚辞是渊源于中国江淮流域楚地的歌谣，到战国中后期成为一种文学样式，主

《楚辞》

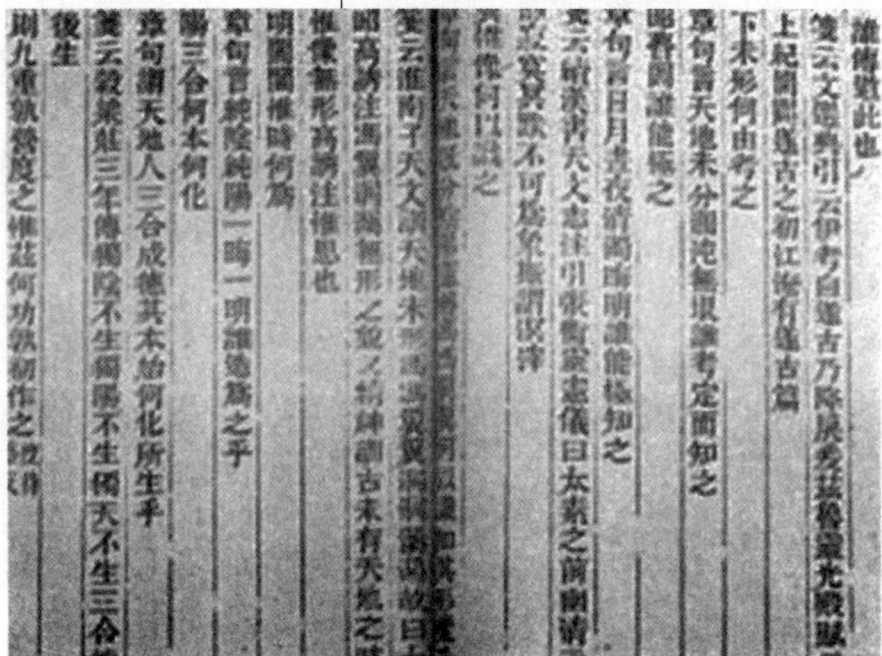

要作者是屈原和宋玉，其特征是"书楚语、作楚声，记楚事，名楚物"。此外，内容还涉及到历史传说、神话故事、风俗习尚等，具有浓郁的抒情风格，带着鲜明的浪漫主义色彩。《离骚》是屈原理想、遭遇、痛苦、热情以至整个生命所熔铸而成的宏伟诗篇，呈现着诗人鲜明的个性特点。他根植于现实又富于幻想，诗中大量运用古代神话传说，通过极其丰富的想象和联想，采取铺陈描叙的写法，将现实人物、历史人物、神话传说与自然环境交织在一起，把地上和天国、人间和幻境、过去和现在融会于一处，编织成奇幻瑰丽的人神合一、美人香草等绚烂多彩的幻想世界，从而产生了强烈的艺术魅力。这些特征在李白的作品中表现得十分明显，李白诗文中大胆的夸张、奇幻的想象、鲜明的爱憎和屈原的作品有诸多相似之处。表现最为明显的是李白的《蜀道难》中"蚕丛及鱼凫，开国何茫然""尔来四万八千岁，不与秦塞通人烟"等描绘，形象雄伟，遣神话入诗，充分显示出浪漫主义特色，很容易使人想到《离骚》的后半部分。《梦游天姥吟留别》《西上莲花山》中"虎鼓瑟兮鸾回车，仙之人兮列如麻"和"迢迢见明星""茫茫走胡兵"等，对神奇的仙境和天上人间的描写，也显示着李白善于借助联想、神话或

尔来四万八千岁，不与秦塞通人烟

带有强烈抒情色彩的议论来表现自己的内心世界。在这方面也可看出，是对屈原《离骚》等作品的有意继承。当然，李白并非是机械地沿用前人的写法，而是凭着自己豪迈不羁的性格，推陈出新，表现出伤而不悲、乐观旷达的思想内容，扩大了浪漫领域，丰富了浪漫主义表现手法。

汉代乐府诗除了将文人歌功颂德的诗制成曲谱并制作、演奏新的歌舞外，还收集民间的歌辞入乐。《汉书·艺文志》记载："自孝武帝立乐府而采歌谣，于是有赵、代之讴，秦、楚之风，皆感于哀乐，缘事而发，亦可以观风俗，知薄厚云。"汉武帝采诗，除为考察民隐外亦在丰富乐府的乐章，以供娱乐。后来，乐府乃由机关的名称变为一种带有音乐性的诗体的名称。继《诗经》《楚辞》之后，在汉魏六朝文学史上出现一种能够配乐歌唱的新诗体，叫做"乐府"。乐府诗的特点是语言朴实自然、押韵灵活、用对话或独白形式叙事，浪漫主义的色彩浓厚，排偶句回环往复，音韵和谐。李白在反映普通下层人民生活的诗作中，演用了乐府诗的写实技法，体现出内容联系现实的特点。在李白全部诗歌中，"乐府诗"占四分之一，他有意识地学习乐

乐府钟

府民歌，从中吸取精华，并有所创新。《蜀道难》《梁甫吟》《将进酒》《行路难》等都是古乐府诗，它们形式变化不多，内容较为单薄，往往是作者对现实生活的感悟和启发，是透射时代特征的一面镜子，深刻反映着社会的真实情景。乐府诗富于形象的"比、兴"手法也被李白吸收运用。《北风行》首句"烛龙栖寒门，光耀犹旦开"，照应题目，从北方苦寒着笔，正是古乐府诗通常使用的起兴手法。除此之外，李白还吸取了乐府诗构思深入浅出、语言通俗流畅的特点，其中"君不见黄河之水天上来""君不见高堂明镜悲白发"等中的"君不见"

宋代郭茂倩编辑的《乐府诗集》

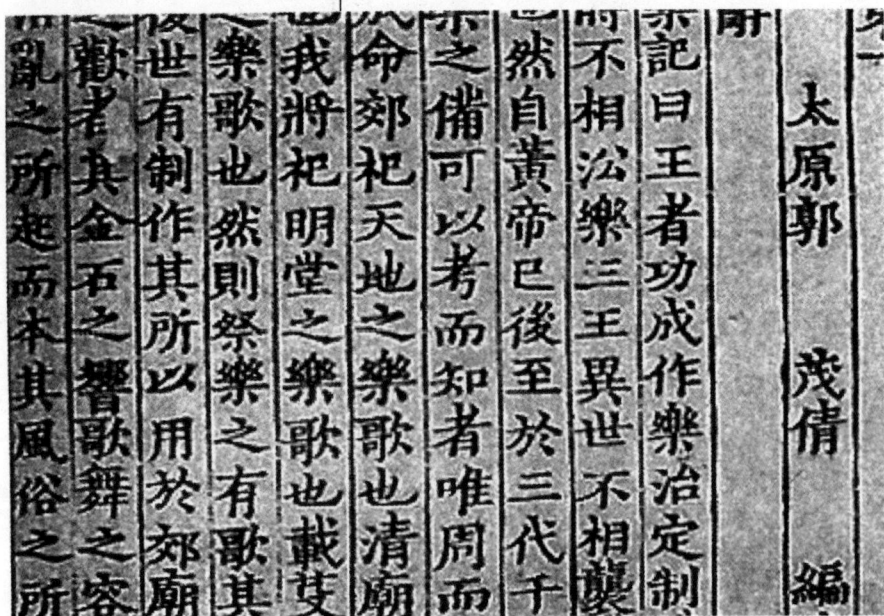

一词，就是乐府诗的常用词，而且李白的拟古诗中大多采用乐府诗的典故、句法，甚至内容。总之，乐府诗对他的滋养是相当深厚的。

（四）漫游因素

李白一生都是在漫游中度过的。在他最初的几年，游历了蜀地的不少名胜古迹。在李白26岁时，他又漫游了祖国的东部地区。728年，李白来到湖北安陆后，与做过宰相的许围师的孙女结婚，开始了"酒隐安陆，蹉跎十年"的生活。这期间李白仍是过着到处漫游的生活，直到应征翰林入驻长安。李白的最后一次漫游，是744年到755年，这次则以梁园为中心，游历

涛似连山喷雪来

广泛，不过不少地方是旧地重游。李白的漫游，对其诗歌创作尤其是诗风形成，都具有非常深刻的影响。首先，漫游让李白饱赏了祖国的壮美山河，由此诗兴大发，用饱含深情的妙笔，描绘了蜀道的险峻、长江黄河的壮阔与雄伟，留下了"涛似连山喷雪来""巨灵咆哮擘两山，洪波喷流射东海""黄云万里动风色，白波九道流雪山"等众多的名句。这些诗句，想象力惊人，夸张大胆，有的还巧用了一些神话传说，具有强烈的自我表达的主观色彩。这是李白山水诗有别于其他诗人的一个鲜明而显著的特点，这个特点其实也就是浪

蜀道的艰险

漫游给李白的诗歌创作提供了
素材和灵感

李白浪漫主义诗歌产生的因素

漫游让李白饱赏了祖国的壮美山河，并由此诗兴大发

漫主义的特色。

　　总之，李白的浪漫主义诗歌的成因是多方面的，就是因为多重因素的交织，才使得李白的诗歌浪漫中带着神秘、豪放、感伤。

五 李白浪漫主义诗歌的艺术特色

李白的诗歌如同他本人的个性一样，富有豪迈而奔放的气势

李白以其出神入化的浪漫主义诗歌艺术，傲岸不屈、蔑视权贵、渴望自由的精神，使其浪漫主义诗歌充满无限魅力，充分地展现了那个时代的精神风貌，汇成了中国古代诗史上格外富有朝气、惊天动地的绝唱。

（一）艺术特色

李白诗歌给人以豪迈奔放的气势，展现出离奇、夸张、变幻莫测，起伏跌宕让人如痴如醉。

1. 豪迈奔放的气势

李白的浪漫主义诗风具有"笔落惊风雨，诗成泣鬼神"的艺术魅力。元稹说李白的诗歌"壮浪纵恣，摆去拘束"，这正道出了李白诗歌的这种豪迈而奔放的气势。他用其与生俱来的炽热感情、强烈个性，浓烈地表现着自己的主观感情，感情的表达具有排山倒海、一泻千里之势。比如，他入京求官时"仰天大笑出门去，我辈岂是蓬蒿人"，想念长安时"狂风吹我心，西挂咸阳树"，这样一些诗句都是极富感染力的。李白在描写客观事物时，表现出不羁的力量，如"黄河西来决昆仑，咆哮万里触龙门""黄河万里触山动，盘涡毂转秦地雷""黄河之水天上来，奔流到海

疑是银河落九天

不复回"。李白继承和发扬了庄子的豪放性格，他以情抒豪，如江河入海，奔腾不羁；似野马脱缰，驰骋万里；若雷霆震怒，撼天动地；像银河落天，飞流直下。

2. 飘逸

李白的浪漫主义诗歌洒脱、自然、与众不同，有超凡脱俗的神仙面貌。也正因为如此，其飘逸潇洒、富于想象成为李白浪漫主义诗风的又一大特点。他以高歌祖国壮丽河山为主，从高耸云天的奇山异岭中，从梦幻迷离的洞天星月中，从天工之巧、幽景之媚、怪石之险、山水之秀中，驰骋想象，天马行空，创造出一幅幅虚无

庐山瀑布

缥缈的仙界神话，令读者无限神往。李白飘逸的诗风毫不做作，超脱而自然，夸张而真实。"黄云万里动风色，白波九道流雪山"等等，挥毫泼墨，逸思横出。古往今来，问天下谁人能敌？

3. 离奇、夸张、变幻莫测

在李白的浪漫主义诗作中，极度的夸张、贴切的比喻和惊人的幻想，让人感到高度的真实性。在读到"抽刀断水水更流，举杯销愁愁更愁""白发三千丈，缘愁似个长"这些诗句时，人们不能不被诗人绵长的忧思和不绝的愁绪所感染。李白的这一艺术表现手法在《梦游天姥吟留别》等诗中也表现得尤为突出。"洞天石扉，訇然中开"诗人由梦境进入仙境，"青冥浩荡不见底，日月照耀金银台。霓为衣兮风为马，云之君兮纷纷而来下。虎鼓瑟兮鸾回车，仙之人兮列如麻"。李白大胆地借用奇特的夸张、缤纷的想象手法描述幻想中的仙镜：青冥浩渺的苍天广无边际、日月光辉同时照耀着神仙住处金银台。在"日月照耀"的光明背景下，众多仙人降临。

雪山美景

李白浪漫主义诗歌的艺术特色

李白善于以梦幻的形式作诗

他们有神虎鼓瑟，有鸾鸟驾车鱼贯而下，列队而来。这里没有森严的等级，没有尔虞我诈。众神仙都是平等相处，就连凶猛的老虎也都驯服地为众神弹琴鼓瑟，真是一派天地万物为一体的融乐世界。

（二）形式梦哥点

李白作诗善于用梦幻的形式对超现实的幻想境界的追求和描摹。以《梦游天姥吟留别》为例，全诗可分为入梦、梦游、惊梦三部分。乍一开篇，以神山的不可觅求，反衬出天姥之分明可睹，进入对天姥的刻画。"天姥连天向天横，势拔五岳掩

五岳之首——泰山

自然风光在李白的笔下被赋予
了鲜活的生命力

李白浪漫主义诗歌的艺术特色

赤城。天台四万八千丈，对此欲倒东南倾。"
天姥拔地耸天，大有横空出世之气概。再
用对比手法，盛夸气势超拔的五岳，盖过
山峰连绵的赤城。这样对比犹觉不足以显
示天姥的峻高和气势，巍峨的天台山跟天
姥比，也相形见绌。这一来，水涨船高，
不明言天姥之高，而其高自出；不直说其
势，而遮天蔽日、横云割雾的气势自可相
见，使之更为显著和突出。正因为天姥高
峻无比，气势雄伟，诗人不禁心动神驰，
浮想翩然。诗人"一夜飞渡镜湖月"，进
入全诗的梦游部分。"湖月照我影，送我

天姥晨雾

天姥云海

至剡溪",借湖光乘月色瞬间到了天姥山;
"半壁见海日,空中闻天鸡",从奇丽壮
观的海日到危耸险峻的高山;"千岩万转
路不定,迷花倚石忽已暝。熊咆龙吟殷岩
泉,栗深林兮惊层巅",从曲折迷离的千
岩万转的道路到令人惊栗的深林层巅;"列
缺霹雳,丘峦崩摧",突兀的意象打开了
另一境界,把幻想托上了高峰,想象的彩
翼振翮直上。"霓为衣兮风为马,云之君
兮纷纷而来下。虎鼓瑟兮鸾回车。仙之人
兮列如麻。"这是诗人梦游畅想的最高境
界,也是全诗最为饱满、明朗的艺术画面。
虚拟仙界的俊逸飘忽,实是表明诗人的超

天姥山一景

凡脱俗。正当诗人沉浸在仙气缭绕、变幻莫测的画面中神志俱忘时，"忽魂悸以魄动"，诗人心悸梦醒，惊坐长叹。由此全诗进入第三部分。诗人梦醒低徊失望之余吟道："世间行乐亦如此，古来万事东流水。别君去兮何时还？且放白鹿青崖间，须行即骑访名山。安能摧眉折腰事权贵，使我不得开心颜？"这是诗人嶙峋直立的傲志，不取悦于世而又不苟合于世的一腔怨愤。李白从现实去入梦畅游，大梦一醒，又回到惨淡的现实之中。梦中，他把自己理想

天姥山云海茫茫

壮丽的天姥山

李白浪漫主义诗歌的艺术特色

清水出芙蓉

中的世界描绘得目眩神迷、奇幻莫测，把神话传说中的事和对大自然的真实体验融合在一起，描绘出自己理想中的美景胜色，丰富奇特的幻想使得积极浪漫主义思想得以充分的发挥。

（三）语言特点

"清水出芙蓉，天然去雕饰"，这正是李白诗歌清新而自然的语言风格的形象化概括。而这与他学习民歌语言是分不开的。如《子夜吴歌·秋歌》："秋风吹不尽，总是玉关情。何日平胡虏，良人罢远征。"语言朴素简洁，不加雕琢，又活泼生动，音节和谐，颇有民歌风味。但他又不是单纯地以民歌语言为模式，而是经过加工提炼，既不失民歌语言的本色，又有含蓄精练的特点。如《宣城见杜鹃花》："蜀国曾闻子规鸟，宣城还见杜鹃花。一叫一回肠一断，三春三月忆三巴。"初看如脱口而出，明白如话，但若深入下去，便觉意味隽永，经过千锤百炼，使清新而自然的民歌语言的风格又得到进一步的升华。李白的七绝也体现了这一语言特色。沈德潜《唐诗别裁》说："七言绝句以语近情遥，含吐不露为贵。只眼前景，口头语，而有弦外音，使人神远，太白有

李白的诗歌语言如三月美景般清新自然

李白浪漫主义诗歌的艺术特色

屈原塑像

焉。"他说的这些特点，实际上也就是深得民歌天真自然的风致。

（四）屈原优秀浪漫主义传统的继承

李白继承了屈原开创的香草美人传统，多用比拟、象征的手法表现自我，感讽时政，兴寄遥远，意蕴丰富。以囊括宇宙、席卷八荒的气概，以"惊风雨、泣鬼神"的笔姿表现出恢弘的志气和飘逸的风格。所谓"黄河落尽走东海，万里写入襟怀间""兴酣落笔摇五岳，诗成笑傲凌沧

李白的诗歌如汩汩清泉注入心田，清新自然

李白的浪漫主义诗歌在诗歌史上留下了浓重的一笔

洲"。他写梦境的优美、神仙世界的美丽，正是反李白的浪漫主义诗歌在诗歌史上留下了浓重的一笔衬现实世界的丑恶；写对仙境的向往和追求，正是表达自己对于现实环境的失望以及对社会体制和人情世态等的激愤和批判。

李白的浪漫主义诗风是诗歌艺术表现的最高典范，他把艺术家自身的人格精神与作品的气象、意境完美结合，浑然一体，洋溢着永不衰竭和至高无上的创造力，李白浪漫主义精神及风格是中国诗歌发展史上一道永恒的彩虹。

六　李白浪漫主义诗歌的内在特质

康怀远在《李白批评论》中说："以历史上任何一个诗人都不可比拟的极其充沛和丰富的感情来铸造他的诗魂，编织他的诗歌。"李白的浪漫主义诗歌作为盛唐时期的一个文化标志，他的诗是从内心发出来的，不仅仅代表自己，更是代表了像李白一样的同时代的文人。李白作诗，总是经常放任内心炽热情感的流动，以奔放的气势纵笔挥写豪迈的气概和激昂的情怀。李白抒情是喷发式的，他的感情易于触动而又浓厚热烈，一旦兴之所至，便如滔滔江水一泻千里。

李白的抒情是喷发式的，如滔滔江水，一泻千里

滔滔江水如野马奔腾于峡谷

（一）抒发建功立业、自信乐观的豪情

建立盖世功名和对理想的无限向往与矢志追求和始终保持的自信、自负、豁达、昂扬的精神风貌，是李白诗歌抒情的基调，也是李白浪漫主义精神的起点。李白理想化的人生目标、洒脱不羁的个性、傲世独立的人格和奔放沸腾的情感结合，使他在诗歌创作中释放出一种开合随意、一气贯之的狂放的气息，好为大言变成了解决理想与现实矛盾的一把金钥匙，浪漫主义精神所具有的那种大河奔流的气势和力量便会推动我们进入变幻莫测的神奇境界，让我们顿生"俱怀逸兴壮思飞，欲上青天览

李白的诗情如汹涌的江水在胸中奔腾，在笔下倾泻

明月"（《宣州谢朓楼饯别校书叔云》）的念头，为理想中的灿烂人生而百般感动，奋斗不息。济苍生、安社稷，救黎民、做宰臣，这是李白的政治理想。"一朝君王垂拂拭，剖心输丹雪胸臆。忽蒙白日回景光，直上青云生羽翼"（《驾去温泉宫后赠杨大人》），他的抱负是高远的，他常以循道而求的孔子、匡扶社稷的傅李、决胜千里的张良等出将入相或为王者师之类的贤人自比。他确信"长风破浪会有时，直挂云帆济沧海"（《行路难》），他坚信"天生我材必有用，千金散尽还复来"（《将进酒》），他深信"风水如见资，投竿佐皇极"（《酬坊州王司马与阎正字对雪见

赠》），他自信"东山高卧时起来，欲济苍生未应晚"（《梁园吟》）。他五次从政、五次破灭，每况愈下，虽然最后仍功未成、身未退，但他"一朝复一朝，发白心不改"（单华父东楼秋夜送族弟沈之秦》），继续以惊人的狂劲为实现自己的政治理想呐喊着，甚至几乎掉了脑袋仍青山不改、绿水长流，给人强烈的精神震撼。

（二）抒发热爱祖国、关注民生的激情

李白是一个积极入世的诗人，他不会披着浪漫主义的彩衣在"象牙塔"里自娱性地舞蹈。对祖国壮丽奇美的山河，他总是热情礼赞。"君不见黄河之水天上来，奔流到海不复回"（《将进酒》）、"登高壮阔天地间，大江茫茫去不还。黄云万里动风色，白波九道流雪山"（《庐山谣》），面对如此壮丽雄阔的江山奇景，有谁能不产生强烈的审美共鸣，而学李白以如椽巨笔挥写奇思异想和壮阔情怀。诗中众多吞吐山河、包孕日月的雄奇壮美的意象组合，充分体现了诗人宏大的气魄和驰骋天宇的丰富想象力，又给人以一种崇高感，激发出一种炽热的爱国情怀。"横行负勇气，一战静妖氛""为君谈笑静胡沙"，《塞下曲》《永王东巡歌》等诗篇中奔涌的爱

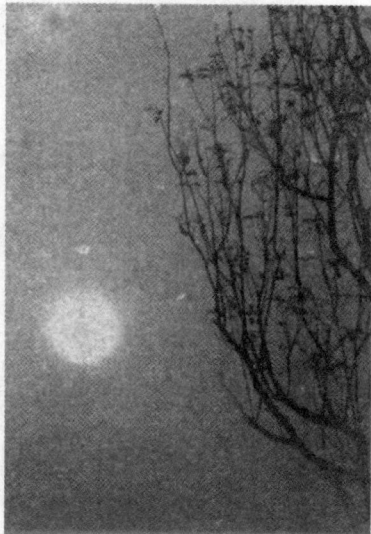

包孕日月的雄奇壮美的意象组合，体现了诗人的丰富想象力

李白浪漫主义诗歌的内在特质

国情感正缘于诗人对祖国大好河山的无限热爱和创建理想社会的美好愿望。诗人的爱国和爱家是统一的，从"举头望明月，低头思故乡"的千载名篇《静夜思》到"一叫一回肠一断，三春三月忆三巴"的触景生情，哪一个远方游子读之能不凄然泪下？然而，浪漫色彩并未掩盖诗人对人民的关怀和现实的关注。"流血涂野草，豺狼尽冠缨"（《古风》），对安史叛军分裂国家、虐杀人民的罪行，诗人愤怒痛斥；"白骨成丘山，苍生竟何罪"，诗人在提出强烈控诉的同时，深切表达了对国事的忧虑；"中夜四五叹，常为大国忧"，反映了不义战争给士兵造成的惨祸；《丁都护歌》

诗人对国难表达了无尽的关心和担忧

诗仙李白与浪漫主义诗歌

深刻反映了拉纤船夫痛苦的生活；《北风行》表现了被压迫妇女的不幸遭遇。诗人以喷火的眼睛审视现实的罪恶和丑陋，使其诗作多了几分厚重和凌厉。

对于社会中的罪恶和丑陋，诗人敢于揭露批判

（三）抒发张扬正道、鞭挞丑恶的悲情

"大鹏飞兮振八裔，中天摧兮力不济。余风激兮万世，游扶桑兮挂左袂。后人得之传此，仲尼亡兮谁为出涕"（《临终歌之》），"有时忽惆怅，匡坐至夜分。平明空啸宅，思欲解世纷"（《赠何七判官昌浩》），"长啸倚孤剑，目极心悠悠"（《赠崔郎中宗之》），大鹏折翅、天马含冤、理想破灭、壮志难

由于怀才不遇，李白内心充满愤懑

酬，李白对自身的不幸遭遇提出了愤怒的控诉。"韩信羞将绛灌比，祢衡耻逐屠沽儿。君不见李北海，英风豪气今何在！君不见裴尚书，土坟三尺蒿棘居！"（《答王十二寒夜独酌有怀》）政治黑暗、吏治腐败，美丑不分、黑白颠倒，诗人对同代辅国之臣惨遭迫害表达了强烈的抗议；"殷后乱天纪，楚怀亦已昏……比干谏而死，屈平窜湘源"（《古风五十九首·其五十一》），"悲来乎！悲来乎！秦家李斯早追悔，虚名拨向身之外……"（《悲歌行》），李白从历史与现实的结合点上出发，挥斥幽愤，伤己感时，表示了对往昔仁人志士不幸遭遇的极度不平和压抑人

对于黑暗的现实，李白不畏强势，
挥斥幽愤

壮志难酬，纤腰偏向险峰行

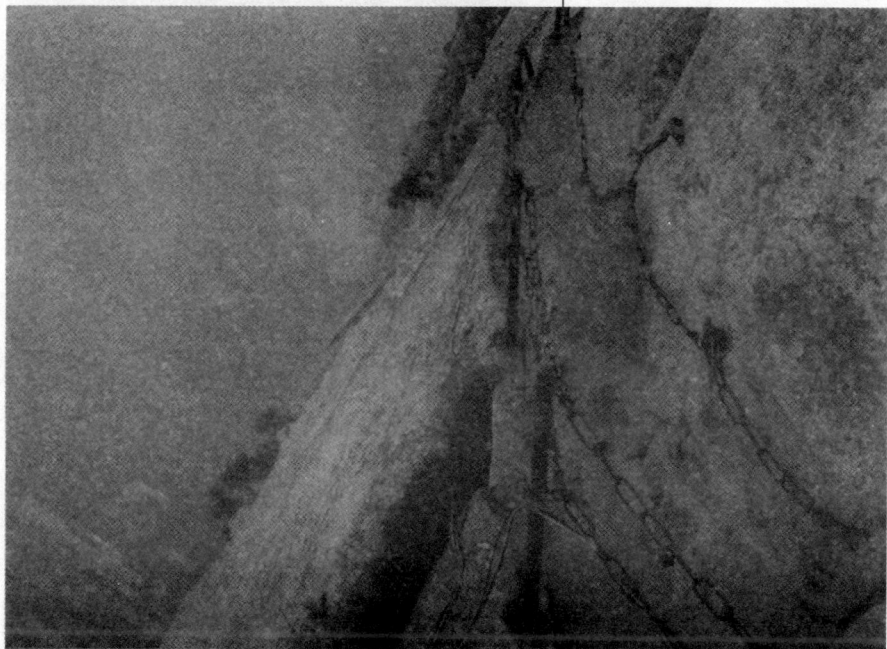

才、陷害忠良的最高统治者的无比激愤。愁是千古愁，恨是千古恨，悲是万世悲，李白的苦情感天动地。

（四）抒发傲岸不羁、粪土权贵的狂情

李白是狂傲的，"虽长不满七尺，而心雄万夫"（《与韩荆州书》）。对理想自由的苦闷炽热和呐喊呼号，时刻激发着诗人傲岸不羁、粪土权贵的叛逆精神。他轻王侯、戏万乘："黄金白璧买歌笑，一醉累月轻王侯"（《忆旧游寄谯郡元参军》）；"李白斗酒诗百篇，长安市上酒家眠。天子呼来不上船，自称臣是酒中仙"（杜甫

对于压抑人才、陷害忠良的现象，诗人予以批判，表达不满

李白在诗歌中表达了向往自由
生活的愿望

《饮中八仙歌》。他不肯屈尊、不阿权贵，"严陵高揖汉天子，何必长剑挂颐事玉阶"（《答王十二寒夜独酌有怀》）；"安能摧眉折腰事权贵，使我不得开心颜"（《梦游天姥吟留别》）。对现实人生的奋力抗争、对独立人格的执著追求、对自由生活的强烈渴望，使李白的诗歌更具"胸中一喷即是"的神奇力量，以"吾手写吾心"的强烈主观抒情色彩彰显浪漫主义的艺术魅力。

七 李白浪漫主义诗歌的地位与影响

李白是唐代伟大的浪漫主义诗人，也是我国诗歌史上乃至世界诗歌史上少见的天才。他以气挟风雷的诗歌创作及其天才的大手笔，征服了古今中外的读者。唐代诗歌的另一个伟大的诗人"诗圣"杜甫，也十分敬佩李白的人格和诗歌，他曾多次称赞李白。在《春日忆李白》里说："白也诗无敌，飘然思不群。清新庾开府，俊逸鲍参军。"由衷地赞美李白诗歌创作的"飘然思不群"，认为其诗歌具有的"清新""俊逸"风格特点，天下无与伦比。在《寄李十二白二十韵》里又说："昔年有狂客，号尔谪仙人。笔落惊风雨，诗成泣鬼神。声名从此大，汩没一朝伸。文采

"诗圣"杜甫十分敬佩李白的人格和诗歌

诗仙李白与浪漫主义诗歌

韩愈对李白的评价很高

承殊渥，流传必绝伦。"指出李白诗歌有盖世绝伦的神奇艺术感染力，其巨大的声名将流传后世。大文学家韩愈在《调张籍》诗中将李白与杜甫并称："李杜文章在，光焰万丈长。"可见，他们对李白是何等的崇拜！从中也看出了李白诗歌在当时社会的影响之深。

李白的浪漫主义诗风对后代的影响极为深远。贞元时期，李白的没有定卷的诗集已"家家有之"，中唐韩愈、孟郊赞扬他的诗歌的浪漫主义情怀与价值，并从他的诗歌里吸收经验，以创造自己的豪放杰出的诗风。"诗鬼"李贺的浪

李白浪漫主义诗歌的地位与影响

漫主义诗风显然是受过他的启发的。宋代诗人苏舜钦、王令、苏轼、陆游，明清诗人高启、杨基、黄景仁、龚自珍等也无不从他的诗中吸收营养。此外，宋代以苏轼、辛弃疾为代表的豪放派的词，也受过他浪漫主义诗风的影响。他那些"戏万乘若僚友"的事迹传说，被写入戏曲小说，流传民间，更表现酷爱自由的人民对他的热爱。

李白诗歌作品中反映出来的人格力量和个性魅力影响了历代的诗人和词人。他那"天生我材必有用"的非凡自信，那"安能摧眉折腰事权贵"的独立人格，

宋代的苏轼受到李白浪漫主义诗风的影响

诗仙李白与浪漫主义诗歌

那"戏万乘若僚友，视同列如草芥"的凛然风骨，那与自然冥一的飘洒风神，曾经吸引过无数士人。在中国古代封建社会那种个体人格意识受到正统思想压抑的文化传统中，李白狂放不羁的风格、变幻莫测的想象、清水芙蓉的美，对后世的诗人敢于突破传统的压制，有很大的鼓舞作用。其次，他那关怀国家安危和人民疾苦的进步思想、蔑视权贵和敢于冲破传统观念的反抗精神，一直为后人所尊敬和学习。宋朝文学大家苏轼、陆游等，都曾受其影响。如陆游《示儿》中那至死不忘报国的精神与李白《留别

陆游敢于突破传统压制，至死不忘报国

李白浪漫主义诗歌的地位与影响

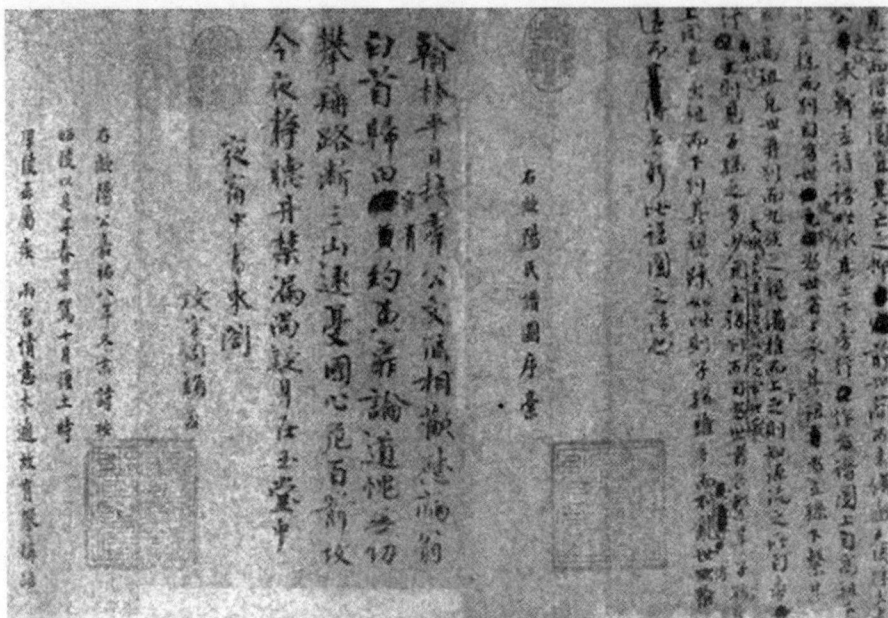

欧阳修墨迹

金陵崔侍御十九韵》中垂危之年还要参军报国的行为十分相似。第三，李白的积极浪漫主义的艺术风格和遗留下来的九千多首诗歌，成为了我国古代文学的珍贵财富，在他之后的一些杰出的诗人和词人，如唐代的李贺、杜牧，宋代的欧阳修、苏轼、陆游、辛弃疾，明代的高启，清代的黄仲则、龚自珍等无不从李白作品里汲取了丰富的营养，把我国古代诗歌中的积极浪漫主义的优良传统进一步加以发扬光大。

总之，李白是盛唐文化孕育出来的天才诗人，也是中国古代文学的天才作家。其诗歌以丰富离奇的想象，热烈激

在中国诗歌史上，李白有着不可替代的不朽地位

昂的思想情感，潇洒不羁、永不屈服的人格魅力，赢得"诗仙"的美名和历代文人志士的好评。其"长风破浪会有时，直挂云帆济沧海"的非凡自负和自信，"安能摧眉折腰事权贵，使我不得开心颜"的狂傲独立的人格，"天生我材必有用，千金散尽还复来"豪放洒脱的气度，以及那瑰丽神奇、变幻莫测的想象，"清水出芙蓉，天然去雕饰"的美，奠定了李白在中国诗歌史上不可替代的不朽地位，是继屈原之后中国文学史上的一位伟大的积极浪漫主义诗人。